Hanna und ihre Geschwister in Hannover

Eine Kindheit in der Kaiserzeit

aufgezeichnet von Hanna Lauth, geb. Freybe

herausgegeben von Michail Krausnick
© krausnick@web.de
ISBN:978-1533537669

Die Mutter
Theophila, geb. Baierlein

Der Vater
Julius Gustav Adolf Freybe

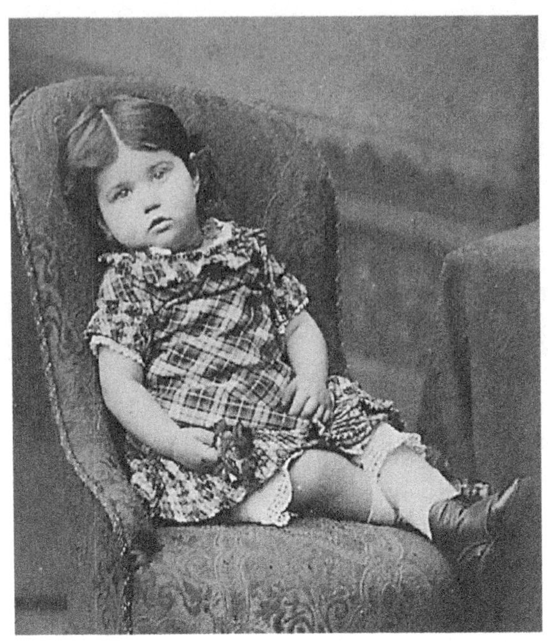

Geboren wurde ich am 13. April 1874 zu Klein Berkel (Kreis Hameln). Ich erinnere nichts mehr von den ersten Jahren dort. Wohl aber von Gartow an der Elbe, wo ich bis zu meinem fünften Jahre lebte.

Das schöne Pfarrhaus mit der geräumigen Diele und dem schönen großen Garten, an dessen Ende eine hölzerne verschlossene Pforte war, durch die wir nie ohne Beisein der Eltern gehen durften, ist mir noch ganz deutlich im Gedächtnis. Denn hinter dieser

Pforte floss ein kleiner Bach, über dessen schmalen Steg man sogleich in einem kleinen Wald war.

Für meine kindlichen Vorstellungen ein wahres Paradies und es war immer ein besonderes Ereignis, wenn man mit den Eltern durch die geöffnete Pforte behutsam über den kleinen Steg in das Dunkel des herrlichen Waldes gehen durfte. Gleich am Pfarrhause, nach hinten zu, war eine Laube, in der man gut, von der Küche aus beobachtet, sicher spielen konnte. Aber sonntags früh, wenn die Glocken so tief und feierlich läuteten, saß ich mit dem geliebten Püppchen und zur Seite ganz brav der kleine weiße Spitz - *Ami* genannt - auf der Treppe vor der Haustür und wartete gespannt auf den Augenblick, wo der Vater im Chorrock feierlich aus der Tür über den großen Platz zur Kirchentür schritt und bald danach die feierlichen Klänge der Orgel und der Gemeindegesang ertönte. Selbst der sonst so windige Ami saß ganz still mit gespitzten

Ohren, wusste er doch genau, wenn der Vater im Chorrock daher kam, durfte er nicht freudebellend an ihm hinaufspringen oder gar mitlaufen. Eines Sonntags Abends saß ich im Hausflur unten auf der Holztreppe und hörte mit Entzücken aus dem oberen Zimmer der Mutter helle Stimme, die dort mit den jungen Mädchen aus dem Ort so lieblich sang: "Fort, fort, mein Herz zum Himmel"- Ach, zu gern wäre ich da oben gewesen, es klang mir wie Engelsmusik- aber da kam leider schon das Kinderfräulein und brachte mich ins Bett.

Aber noch heute meine ich die Stimme meiner Mutter und das mir so lieb gewordene Lied zu hören. Dem Pfarrhause gegenüber war ein großer freier Platz, auf dem zu Zeiten auch das Carussell aufgebaut war mit all den kleinen Wagen, Pferdchen und allen möglichen Tieren, zum Entzücken von meinem kleinen dreijährigen Bruder und mir und noch heute habe ich genau die eigenartige Melodie dieses Carussells aus Gartow im Ohr. Auch wohnte auf dem Platz eine befreundete Familie Lutz, die mehrere größere Töchter hatte. Diese waren sehr nett und freundlich und kamen jedesmal fix aus dem Hause, wenn die Kinderfrau mit dem kleinen Bruder Gerhard auf dem Arm und mir zur Seite spazieren ging. Dann gab es ein Bewundern und Liebkosen des niedlichen kleinen Gerhard, dass ich ganz still und bewundernd stand und dachte - ein Brüderchen muss doch noch etwas ganz Besonderes sein, da er alle Augen auf sich zog und soviel Liebkosungen erhielt.

Doch fiel wohl auch ein freundliches Streicheln und ein süßer Teekuchen oder Bonbon für mich mit ab. Ja, dies Brüderchen, das auch ich sehr lieb hatte, durfte alles tun und haben, wenigstens bei dem Kinderfräulein.

Einmal waren wir auf einige Wochen zur Kur der lieben Mutter, die in dem feuchten Hause und Klima in Gartow viel an kaltem Fieber litt, nach Bad Lauterberg gefahren. Dort wohnten wir im oberen Stockwerk der Apotheke. Da die Mutter ruhen musste, waren wir ganz auf das Kinderfräulein angewiesen. Ich aber hatte an dem freundlichen, wohl kinderlieben Apotheker einen so guten Freund und war fast immer tagsüber bei ihm in der Apotheke, wo es immer etwas Süßes für mich gab und der Apotheker so gut und lieb zu mir war, denn so viel Leute wie heute, wo sie in endloser Schlange auch in der Apotheke stehen, gab es damals nicht und so durfte ich zu jeder Zeit bei meinem guten Freunde sein.

Abends stand ich gern in der offenen Haustür auf der ersten Stufe der großen Steintreppe vor der Apotheke und sah den Herden der Kühe mit den umgehängten läutenden Glocken zu, die von den Weiden in die Ställe des Ortes heimgetrieben wurden. Das sah zu hübsch aus. Da kam aber eines Abends auch eine große Herde mächtiger Schweine vorüber und als ich noch staunend die vorüberziehenden Borstentiere betrachtete, kam mit einem Male ein großes fettes Schwein die Steintreppe herauf auf mich zu. Oh, du Schreck! So schnell die kleinen Beinchen konnten, kletterte ich auf die Bank vor dem Schiebefenster der Apotheke und wollte mich durch das kleine Schiebefenster auf das Brett des Inneren der Apotheke retten! Aber oh Graus! Als ich gerade die Beinchen durchs Fenster gezwängt hatte, schaute mich das Borstenvieh, das durch die offene Tür in die Apotheke schon herein marschiert war, grimmig an. Auf mein Hilfegeschrei und den Lärm, den das Schwein machte, kamen gleich der gute Apotheker und der Gehülfe hereingeeilt, aber auch der Schweinehirt kam schon herbeigestürzt und sie trieben gemeinsam den frechen Eindringling hinaus und der gute Onkel Apotheker nahm das zitternde Unglückshäufchen von dem hohen Rettungsplatz und beruhigte mit süßen Plätzchen das klopfende Kinderherz. Von dem Tage her rührt meine große unüberwindliche Abneigung gegen das lebende Borstenvieh und auch heute noch gehe ich nur ungern und nur aus weiter Ferne mal in einen Schweinestall und kann mich nicht dafür interessieren, so sehr ich das Schwein als zubereiteten Schinken, Wurst, Braten und anderem Guten schätze.

Eines Abends, als wir zwei Kinder schon in unseren Gitterbettchen lagen und das

Kinderfräulein lesend oder schreibend mit in dem Zimmer saß, wollte Gerhard nicht gleich einschlafen. Anstatt nun den kleinen Buben zu beruhigen oder etwas in den Schlaf zu singen, nahm das Fräulein, wohl ärgerlich, dass sie in ihrer Beschäftigung gestört war, den kleinen Gerhard wieder aus dem Bettchen und setzte ihn auf den Teppich und zu meinem großen Schrecken und kindlichem Kummer gab sie ihm meine so heiß geliebte Schachtel mit den kleinen Häuschen und den niedlichen grünen Bäumen. Das war nun was für die kleinen Patschhändchen und ich musste wehrlos durch die Gitter des Bettchens zusehen, wie Gerhards kleine Händchen all den Bäum-chen die kleinen Füße abriss und jauchzte, wenn es so schön knackte. Aber mir tat es so weh und mit Trauer sah ich, dass nun all meine kleinen Bäumchen nie mehr stehen könnten und meine kleine Stadt lange nicht mehr so schön sein würde und tief betrübt schlief ich ein mit dem Gedanken, dass meine liebe Mutter das nie erlaubt haben würde. Der kleine Gerhard aber war ja noch zu klein und dumm und wusste es nicht besser.

Vom guten Onkel Apotheker erhielt ich einen kleinen dunklen Korbwagen. Auf demselben lag ein reizendes Wachspüppchen, rosig und niedlich angezogen. Fuhr ich nun das kleine Wägelchen, so strampelte das Püppchen mit den Beinchen und bewegte die Ärmchen, als sei es lebendig. Das war nun meine ganze Wonne. Aber auch dies gab das Fräulein dem kleinen Brüderchen und der traktierte das arme Püppchen in dem Wagen so lange, bis die Mechanik entzwei war und nun beim Fahren des Wagens das Püppchen steif und unbeweglich auf dem Wagen lag. Nun war es tot und ich war untröstlich und mein Schmerz zu groß. Tagelang schlich ich betrübt umher, denn da ich mein Leid keinem zu sagen wagte, konnte mich auch

Hanna und Gerhard

niemand trösten. Die beiden Ereignisse blieben mir als meine größten kindlichen Traurigkeiten so lebendig in Erinnerung und bestärkten mich in der Meinung, dass kleine Brüder alles tun und haben dürften, was sie wollten.

Nun kam die Zeit, dass wir von Gartow nach Hannover ziehen sollten. Da die Mutter noch immer zart war und oft an Fieber litt und auch aus der Unruhe des Umzuges heraus sollte, nahm uns der Patron von Gartow, der Graf Bernstorff für einige Zeit in sein Schloss. Na, das war nun ein Ereignis und gab es so viel zu sehen, zu bewundern und zu bestaunen. Schon die dicken Steinsäulen mit den langen eisernen Ketten verbunden, die den großen Schloss-hof einzäunten, fand ich herrlich. Und dann unser Schlafzimmer: Da gab es nicht nur reizende kleine Himmelbetten (das kannte ich ja), aber auch Himmelwaschtischchen, nein, so etwas war doch einfach zu schön. Unter dem Himmel des kleinen Waschtisches war dann an der Wand ein richtiger kleiner Spiegel, einfach zu schön! Dass bei Tisch mehrere Diener in roter Livree servierten, imponierte mir nicht so sehr, wie wohl der alte Graf glaubte, der uns gespannt durch sein Einglas beobachtete. Bei uns wurde ja auch bei Tisch serviert, nur eben von unserem Mädchen. Aber dass, wenn Gerhard (jetzt drei Jahre alt) und ich in dem wunderschönen gräflichen Park, der an bestimmten Tagen auch den Ein-wohnern von Gartow geöffnet war, spazieren gingen, immer einige Schritte hinter uns ein Diener in roter Livree gehen musste, fand ich eigenartig. Als wir nun an einer von mehreren Leuten besetzten Bank vorbeikamen und diese leise flüsterten „die kleinen Grafs" - da fasste ich die Hand meines Bruders und schritt so stolz und manierlich wie ich nur konnte dahin, wollte ich doch den "Grafs" keine Unehre machen. Im Sommer 1879 kamen wir von Gartow in die schöne Stadt Hannover.

Am Bahnhof

Gartenkirche

Mein Vater war als Pastor an die Gartenkirche berufen worden. Da leider die größere Wohnung in der Barlinge noch nicht frei für uns war, mussten wir erst eine Zeitlang im Jungfernplan in einer engen kleinen Wohnung sein mit einem winzigen Gärtchen, in den wir Kinder nicht hinein durften.

Das war nun wie eine Gefangenschaft für uns, die wir das weite Pfarrhaus und den großen Garten in Gartow gewohnt waren. So drückten Gerhard und ich unsere Näschen fast platt an den Fensterscheiben und schauten sehnsüchtig hinüber in den uns riesig groß erscheinenden Garten von Direktor Dickmann, den Direktor der höheren Töchterschule. Dann holte Elfriede, die Tochter des Direktors (die spätere Frau Superintendent Hoppe von Markoldendorf) die beiden kleinen Schwarzköpfe zu sich in den Garten, um mit uns zu spielen. Neben unserer Wohnung war ein größerer Landhof und ein Junge, Menne (Hermann) Schepp, ein lustiger wilder Bub, war so recht etwas für mich und nur zu oft kniff ich aus und war bei Menne Schepp und wir zertraten um die Wette auf den breiten Steinplatten des Hofes die weißen Knackbeeren und freuten uns an dem Knallen der Beeren, bis plötzlich des Vaters strenge Stimme mich Ausreißer anrief und mir verbot zu Scheppes zu gehen, was ich leider doch immer wieder tun musste, es war dort einfach zu schön und Menne Schepp mein erster Kinderfreund und später, als ich längst verheiratete Frau Pastor in Hannover war, sagte mir die alte Tante von Menne Schepp, dass der gute Menne Schepp öfter gefragt hätte, was wohl seine kleine Kindheitsgespielin Hanna machte. Wiedergesehen habe ich ihn nie.

Wie schön war es nun aber, als wir in die viel größere Wohnung zu Baurat Hess in die große Barlinge zogen. Ach, da konnte man sich doch bewegen! Das eine Zimmer, das zwischen all den anderen Zimmern lag und viele Türen nach beiden Seiten hatte, war so lang, dass Gerhard und ich sogar das Wettlaufen zwischen Hase und Schwie-nigel aufführten, worüber die liebe Mutter so herzlich lachte. In dem Garten durften wir freilich auch nur in der einen Laube, die zu unserer Etage gehörte, sitzen oder unter dem Galgen für das Teppichklopfen spielen. Frau Baurat Hess, die sonst sehr freundlich war, wachte eifrig, dass wir nie auf den kleinen Rasen traten oder eine Stachelbeere oder Himbeere von den ärmlich kleinen Sträuchern nahmen und das taten wir auch nicht. Im Pfarrgarten hatten wir ja so viele und viel schönere gehabt. Aber eines Tages erlaubte uns Frau Baurat Hess doch auf den Rasen zu gehen. Der Rasen war nämlich voll der gelben Kuhblumen und Frau Baurat gab uns ein altes Küchenmesser und sagte, wir könnten uns ein paar Groschen verdienen, wenn wir alle die gelben Kuhblumen ausstächen und in Gerhards hübsche kleine gelbe Karre täten und zur Marienapotheke brächten. Die würden dann zu Medicinen gebraucht und der Apotheker würde sie uns bezahlen. Also unermüdlich mit großem Eifer, im Schweiße unseres Angesichts machten wir uns an die Arbeit, bis auch nicht eine von den gelben Blumen mehr im Rasen zu sehen war und der Rasen schön sauber und tief grün aussah.

Die kleine Karre war nun bis zum Rande voll. Nun hieß es die Karre durch die lange Große Barlinge bis zur Marienstraße zur Apotheke zu fahren. Eigentlich genierten wir uns doch ein bisschen, aber in gutem Glauben und der Aussicht ein paar Groschen zu verdienen, halfen uns, die verwunderten Blicke der vorübergehenden Menschen nicht zu beachten. Glücklich an der Apotheke angekommen, blieb einer von uns draußen bei der überfüllten Karre stehen und als der andere nun schon etwas zaghaft bei all den Angestellten der Apotheke sagte, dass wir eine Karre voll gelber Kuhblumen gern verkaufen möchten, brachen alle in ein so belustigtes Gelächter aus, dass wir schleunigst und ganz beschämt uns wieder davon machten. Und nun war die Rückfahrt noch viel genierlicher für uns und ich war innerlich recht böse auf Frau Baurat Hess, die so billig ihren Rasen von dem Unkraut befreit sah, während wir kaum wussten, wo wir das welke Unkraut lassen sollten. Aber wir hatten auch schöne Nachmittage bei den netten Töchtern von Baurat Hess und durften bei der Hochzeit der einen Tochtermit dabei sein. Einmal sah ich bei Baurats einen ganz winzig kleinen Bleistift auf dem Tisch liegen und bemerkte erstaunt, ob der überhaupt noch angespitzt werden könnte. Da fragte mich die Julie, ob ich den kleinen Stift haben möchte und als ich glückselig diesen Puppenbleistift erhielt, zeigte ich ihn voller Freude der Mutter. Diese aber fragte ziemlich streng: „Du hast doch nicht gebettelt?" Nun wusste ich nicht recht, ob die Äußerung meiner Bewunderung wohl „betteln" gewesen war und sah recht betrübt vor mich hin. So musste ich, Gerhard durfte wenigstens zur Begleitung wieder mit, noch einmal runter zu Baurats gehen! Ach, nun war auch noch die Corridortür zu und ich musste klingeln und als die Frau Baurat mich freundlich fragte, musste ich stammeln, dass ich nicht betteln dürfte und den kleinen Bleistift wieder brächte. Aber alle Bauratstöchter lachten so lieb und beruhigten mich, ich hätte ja überhaupt nicht gebettelt und sie hätten mir den kleinen Stift doch geschenkt. So musste ich den Stift wieder mitnehmen, aber solche Freude wie vorher hatte ich nicht mehr und schämte mich so sehr und beschloss, nie im Leben etwas zu bewundern, wenn das schon betteln wäre. Ich habe das auch immer streng durchgehalten bis zu der schrecklichen Kriegszeit, in der ich ja der Not meiner Kinder wegen oft bitten musste, aber es wurde mir unsagbar schwer. Nun ging für mich eine wunderschöne Zeit an, denn Gerhard und ich kamen zu der lieben Frau Pastor Schmidt in den Kindergarten, der nahe der Masch lag. Doch es war ein ziemlich langer Weg von der Barlinge durch die lange Lutherstraße und Akazienstraße bis dahin. Zum Glück war Wullbrand von Rehden, dessen Eltern ganz in unserer Nähe wohnten, mein täglicher treuer Begleiter und wir waren so befreundet, wie es Kinder eben nur sein können. In der Lutherstraße, an der Ecke der Seestraße lag oft auf dem Trottoir ein riesig großer Bernhardiner Hund, vor dem ich große Angst hatte. Aber Wullbrand machte mir Mut und sagte: "Ich bin ja bei dir und nehme eine kleine Peitsche mit!" Und so schritten wir beide Hand in Hand, Wullbrand in der anderen Hand die Peitsche wie einen Degen haltend, mutig vorbei. Der Bernhardiner rührte sich nicht, er blickte uns nur gutmütig nach.

Zu schön war es, wenn es im Winter geschneit hatte und der Diener vom Baron von Rehden mit einem zweisitzigen Stuhlschlitten mit Rehdecke und Glöckchen mit Wullbrand bei uns vorfuhr und wir beide dann warm zugedeckt vom Diener im Laufschritt über den weißen Schnee zum Kindergarten gefahren wurden. Im Kindergarten saßen zuerst auf einer Seite die kleinen Buben, auf der anderen die kleinen Mädel. Da aber unter den Buben oft kleine Schlägereien vorkamen, setzte die gute Frau Schmidt immer ein Mädel zwischen zwei Buben, das war sehr schön, so saßen Wullbrand und ich doch zusammen. Dennoch kam es zwischen den Buben, auch über uns Mädels hinweg, oft zu kleinen Schlägereien, wobei ungewollt auch etwas auf mich hagelte, aber das machte weiter nichts und war ja auch nur selten.-
Im Sommer zur Heuernte machte der ganze Kindergarten, immer zwei und zwei Kinder

Am Maschpark

zusammen, durch die herrlich duftenden Wiesen der Masch einen Morgenspaziergang nach Bellavista hin. Da lagen nun am Wege all die schönen Heuhaufen und da Frau Schmidt vorne im Zuge uns nicht sah, begruben Wullbrand und seine Kameraden mich in einem der großen Heuhaufen, was uns viel Spaß machte. Aber oh weh! Am anderen Morgen folgte das Strafgericht. Der Mann, dem das Heu gehörte, hatte sich bei Frau Pastor beklagt, dass einige Haufen durchwühlt und auseinander gestreut wären. Nun mussten sich die schuldigen Buben melden und beide Händchen mit der Innenfläche zusammen aufhalten und erhielten dann ein paar Klapse mit dem gelben Rohrstock, was den kleinen Händchen ziemlich empfindlich wehtat.

Als nun der gefürchtete Rohrstock sich Wullbrand näherte, öffnete auch ich meine Handflächen, aber Frau Schmidt sagte sehr freundlich: „Nein, Hanna du nicht!" Ich aber sagte ganz trotzig: „Wenn Wullbrand Klapse bekommt, will ich auch welche haben!" (ich war es ja, die unter den Heuhaufen gelegen hatte).

Das schien die Frau Schmidt denn etwas milder zu stimmen.

Vor Ostern, das dieses Jahr sehr früh, schon im März fiel, kündigte Frau Schmidt uns einen Spaziergang in die Eilenriede an, in der wir schöne Apfelsinen suchen dürften. Ach, war das verlockend! Nun sollten wir alle aber erst unsere Eltern um Erlaubnis fragen, ob wir auch mit in den Wald dürften an einem der nächsten sonnigen Tage. Als ich das freudestrahlend zu Hause berichtete, erlaubte der Vater nicht, dass ich mitginge, da es dazu noch zu früh und für mich zu kalt wäre. Ach, war ich traurig!
Als nun an einem sonnigen Morgen alle Kinder,

deren Eltern es erlaubt hatten, mit der Frau gingen, da war auch ich, mit freilich etwas schlechtem Gewissen, darunter, es war aber doch auch zu verlockend. Und im Walde war es wunderschön und ich brachte auch freudestrahlend eine schöne große Apfelsine, die ich im grünen Moos des Waldes gefunden, mit nach Hause und die verriet ja, dass ich gegen des Vaters Verbot mitgegangen war.

Am anderen Morgen lag ich mit dickem entstellten Gesicht und großen Schmerzen (Mumps) zu Bett. Da erfuhr ich schmerzlich, aber deutlich, dass jeder Untat die Strafe auf dem Fuße folgt. Noch dazu kam den Tag gerade unverhofft der lustige Vetter Wilhelm Neubourg zu Besuch, guckte nur aus der Entfernung ins Krankenzimmer und sagte: „Oh, Ziegenpeter!“ Und fort war er und ich musste nun allein liegen und hörte die anderen lustig scherzen und nahm mir fest vor, nie wieder dem Vater ungehorsam zu sein, wenn dann doch gleich die Strafe folgte. Also hatte Vater doch recht.

Nun kam die Zeit, dass ich in eine große Schule, die höhere Töchterschule I kam, in die 9. Klasse mit vielen sechsjährigen Mädels und fand dort recht bald nette Freundinnen, eine vom Regierungsrat Böckler, mit denen die lieben Eltern sehr befreundet waren und die in der Lutherstraße wohnten, durch die mein Weg zur Schule führte und auch Lieschen Bunsen, deren Eltern auch meine lieben Eltern gut kannten. Bei dem Klassenlehrer Jörns waren wir gern und er war gegen mich besonders freundlich. Eines Tages brachte er einen wunderschönen großen Apfel mit, legte ihn auf das Pult, so dass wir alle ihn sehen und anstaunen konnten, denn für Stadtkinder war ein so großer rosiger Apfel etwas selten Schönes. Während nun Herr Jörns auf dem Pult saß und Hefte der anderen Klassen korrigierte, gings emsig los, alle schrieben eifrig auf den Tafeln. Ich aber musste von Zeit zu Zeit den schönen Apfel anschauen und dann ängstlich nach der Wand blicken, ob nicht schon ein Mädel als erste da stand. So kritzelte ich so fix ich konnte die Tafel voll und siehe da, ich war die erste an der Wand und stand voller Erwartung da. Herr Jörns hob den Kopf von seiner Schreiberei und sagte: „Na, Hanna, bist du schon fertig mit deiner Aufgabe?" Und ich sagte ganz leise und glücklich: „Ja."

Nach einer geraumen Zeit kam unser Tugendbolzen Elli Ahrens mit ihrer Tafel neben mich, guckte auf meine Aufgabe und sagte: „Du, die erste Aufgabe ist schon mal falsch." „Ach, wirklich?", sagte ich ganz traurig,"dann geh du man vor!" So ging es noch einige Male und immer rutschte ich leise und enttäuscht weiter runter und als Herr Jörns den Kopf hob und fragte: „Na, Hanna, bist du denn so weit runter gerutscht?", konnte ich nur leise und beschämt „Ja" sagen und der wunderbare Apfel wanderte in Elli Ahrens Hände. Zur nächsten Rechenstunde brachte Herr Jörns eine riesengroße, gelbe Prachtbirne mit. Solch eine große hatte ich noch nie gesehen. Diesmal musste und wollte ich sie erwerben und rechnete etwas behutsamer, aber bald packte mich wieder die Angst, zu spät anzukommen, und fix war die

Tafel wieder voll und ich stand bebend als erste an der Wand.

„Na, Hanna, bist du schon wieder die Erste?", fragte Herr Jörns und ich antwortete diesmal viel zuversichtlicher: "Ja." Aber, oh weh! Die kluge Elli entdeckte doch wieder in einer der Aufgaben einen Fehler und ich rutschte wieder nach und nach immer weiter herunter und war so traurig, als Herr Jörns fragte: „Na, Hanna, bist du schon wieder so weit unten?" Und wieder erhielt Elli die herrliche Birne.

Zum Glück brachte Herr Jörns von da an nie wieder so etwas Verlockendes mit und ich hatte

Ruhe und konnte mir Zeit lassen und richtig meine Aufgaben machen.

Ich ging sehr gern zur Schule und hatte viele nette Freundinnen. So ernst und strebsam ich in den Schulstunden auch war, - unser Vater war sehr streng und verlangte gute Zensuren -, so wild und ausgelassen war ich in den Pausen und tollte tüchtig herum.

Die Turnstunden waren meine liebsten und Herr Schmidt nannte mich immer „mein Hannchen" und ich durfte oft vorschlagen, was für Geräte wir haben und welche Spiele wir machen wollten.

Wunderschön waren die Schulfeste im Tiergarten mit Feuerwerk und Luftballons und später auch die der Gymnasiasten mit Tanz in den beleuchteten Zelten. Im Winter wurde natürlich fleißig Schlittschuh gelaufen auf der schönen Masch, wo man bis nach Bellavista laufen konnte. Und da waren auch immer die Brüder und Freunde mit dabei, die sich eifrigst

Winter auf den Maschwiesen

bemühten, mir die Schlittschuhe an- und abzuschnallen. Wir liefen oft in langen Ketten bei Musik und hellem Mondschein und konnten uns in Bummelmeiers Bude an heißen Würstchen und warmen Krapfen erfrischen. Oben am Wege standen viele Menschen, die dem lustigen Treiben zusahen, denn auch Offiziere und andere Herren liefen mit ihren Töchtern kunstvoll und herrlich anzusehen. Unsere Kinderfrau liebte es, mit meinen kleinen Brüdern Paul und Carl, beide in weißen Pelzmänteln und Mützen, oben entlang zu fahren und oft wurde mit Begeisterung von den Mädels gesagt: „Hanna, deine reizenden Brüder sind da!"

Auch die Schulweih-
nachtsfeste waren herrlich.
Jede Schülerin durfte sich
ein armes Mädchen aus-
suchen und anmelden, das
dann von der Schule aus
beschenkt wurde und mit
ihrer Mutter zur Feier erscheinen musste und wir
sammelten schon lange
vorher Geld, Spielsachen
und warme Kleidung, so
dass die armen Kinder

Paul und Carl

immer sehr reich beschenkt wurden. Als meine
sechs Jahre jüngere Schwester Gretchen in die
Schule kam, wurde sie von den größeren und
älteren Schülerinnen sehr geliebt und verzogen
und immer wollten sie von Gretchen etwas von
ihrem Vater erfahren, da die Mädels, die bei
unserem Vater konfirmiert wurden, alle sehr für
ihn schwärmten und ihn verehrten.

Überhaupt verdanken wir so viel Gutes nur der Liebe und Verehrung, die alle für unsere lieben Eltern hatten und auf uns Kinder übertrugen. Sie beschenkten und verwöhnten uns sehr, so zu Weihnachten und zu Ostern mit herrlichen Schokoladeneiern und wunderbaren Geschenken. Das waren die lieben Lichtenbergs (Minister), die lieben von der Osten, Frl. Anna Niemann, Tochter des Consistorialrats Niemann, die oft bettlägerig war und die ich viel besuchte.

Sonntags waren Gerhard und ich fast immer bei den Tuves eingeladen, wo auch die Cousinen Bachhausen waren. Diese vier älteren jungen Mädchen spielten unermüdlich mit uns Spiele mit herrlich süßen Gewinnen.

Bei der lustigen und hilfreichen Marta von der Osten war ich viele Nachmittage und machte vor Weihnachten die kleinen

Georgstrasse

Weihnachtsarbeiten für meine Eltern. Marta war sehr geschickt und half mir die Puppen anzuziehen und die Bettwäsche für die Puppenbetten zu machen, die ich mir bei freundlichen Spielwarengeschäften für das von meinem Vater neu gegründete Kinderheim in Herrenhausen zusammen gebettelt hatte. Ich hatte so viele Spielsachen, dass die Oberin Marie Fromme von der Kinderheilanstalt mich zur Bescherung in Herrenhausen mit dem Wagen abholte und ich einen großen Wäschekorb voll Spiel-, Schul- und Kleidungssachen mit hatte und es mir eine große Ehre war, zur Bescherung mitfahren zu dürfen. Ich half dort die kleinsten Kinder zu füttern und freute mich sehr.

Auch zur Weihnachtsbescherung in der Blindenanstalt ging ich gern, denn ich war gut Freund mit den Blinden, die ja der Chor in der Pauluskirche waren. Da ich so gerne im Kirchenchor mitsingen wollte, hatte der Vater mich beim Blindengesangslehrer angemeldet. So hatte ich jede Woche zweimal Gesangsstunde in der Blindenanstalt und war im Chor der Blinden die einzige Sehende und sehr stolz, dass ich mitsingen durfte. Die Blinden sind ja hochmusikalisch, haben herrliche Stimmen und die Chöre und auch größere Kirchenkonzerte waren immer wundervoll und ich habe als jüngste mit großer Lust und Freude gesungen. Ich fürchtete mich auch gar nicht mehr wie zu Anfang vor den Blinden und bewunderte ihre Geschicklichkeit in Handarbeiten, Schreiben und in ihrem oft halsbrecherisch erscheinenden Turnen.

So gewandt und flink waren die großen Jungen, mit denen ich sogar oft Fangen spielte, und so hatten wir viele frohe Stunden miteinander. Gerhard holte mich immer abends mit älteren Freunden von der Blindenanstalt ab.-

Getrübt wurden die schönen Jahre in Hannover freilich durch schwere Krankheitszeiten. Im November, als der Bruder Paul geboren war, bekamen Gerhard und Gretchen schweren Scharlach und Diphteritis, so dass sie in einem Zimmer, neben dem der lieben Mutter isoliert lagen. Da die Mutter nach der Geburt noch zu schwach zum Pflegen war und auch wegen der Ansteckungsgefahr für den kleinen Paul und mich, wurde eine Krankenschwester zur Pflege genommen und nur durch die Tür hörte unsere liebe Mutter die Berichte, wie es den Kindern ging. So kam auch für mich eine öde und langweilige Zeit. Zur Schule durfte ich nicht und die einzige Abwechslung war, gegen Mittag in der Sonne neben der alten Kinderfrau, die das Brüderchen fuhr, zu gehen. Die Mutter lag meistens im verdunkelten Zimmer auf der Chaiselongue und lauschte angstvoll nach dem Nebenzimmer, aus dem ab und zu mal ein heiserer Kinderlaut kam. So war ich mir ganz und gar selbst überlassen und wusste nichts anzufangen und es war doch die sonst so frohe liebe Adventszeit! Da klingelte es an der Etagentür und hereingebracht wurden große Bälle und Bilderbücher für die kranken Geschwister und - oh Wonne! - für mich ein reizender kleiner Wäschekorb mit einem Schleier überdeckt und darunter ein ganz entzückendes Wachspüppchen, ein Wickelkind mit allem nur erdenklichen, von Frau Pastor Tuve gearbeiteten, Zubehör, mit Steckkissen, Windeln, kurzen Hemdchen, Jäckchen, Lätzchen, alles wie beim richtigen Baby, Fläschchen, Beißring , Rassel und Trinkmaß,- nichts fehlte. Da war die Freude und der Jubel groß und keine Langeweile mehr. Ich hatte nun auch ein wirkliches Baby, so groß und reizend fast wie das neue Brüderchen. Die gute, gute Frau Pastor Tuve! So liebevoll auch an mich zu denken. Streng war es verboten, in die Küche zu gehen, wenn die Schwester gerade drin war, um etwas zu holen. Aber einmal konnte ich es doch nicht lassen. Als die Schwester gerade mal etwas länger in der Küche blieb, huschte ich flink ins dunkele Krankenzimmer und flüsterte: „Gerhard, Gretchen!" Und, ach wie freuten wir uns, uns endlich wieder zu sehen, freilich nur für einen kurzen Augenblick, denn es durfte ja niemand merken. Und das glückte auch und ich blieb gesund. Zu Weihnachten war es herzbewegend, als die beiden heiseren Kinderstimmchen *Ihr Kinderlein kommet!* sangen bei den kleinen Tannenbäumchen, das die Schwester im Krankenzimmer aufgebaut hatte und meine Mutter vergoss heiße Tränen, ob der langen

Trennung von den Kindern. Aber Gott Lob ging es ja nun zur Besserung und bald war die schwere Not vergessen. Schlimmer war noch, als der Vater so schwer erkrankte, gerade in der Zeit, als mein dritter Bruder, der kleine Carl noch ein Baby war. Tagelang konnten wir den lieben Vater nicht sehen. Nur Gerhard und ich durften, ehe wir zur Schule gingen, an der Schlafstubentür *Guten Morgen* sagen und hörten dann des Vaters schwache Stimme: „Geht mit Gott!" Und getröstet gingen wir davon.

Als ich eines Morgens in die Schule kam, fuhren mich die Kinder an: „Du, Hanna, kommst heute, gestern Abend ist doch dein Vater gestorben, er hat noch Kartoffelbrei gegessen und dann ist er gestorben."

Ich wehrte mich aber vehement und schrie, nein, das ist nicht wahr. Als aber der Lehrer, in die Klasse trat und so ernst sagte: „Hanna, du hier?" - da wurde es mir doch recht angst ums Herz.   Auch fragte er noch, wann ich Vater zum letzten Male gesehen hätte, und als ich sagen musste, vor drei Tagen, da schickte er mich fort und sagte: „Geh lieber gleich nach Hause."

Ach war das ein trostloser öder Weg! Die Straßen so leer und die Angst im Herzen, die sich noch steigerte, als in der Nähe des Pfarrhauses so viele Frauen, Kinder und Männer herum standen und bis auf den Stufen vor dem Hause saßen und ein Schutzmann die Leute fort trieb.

Doch Gott Lob, der Vater lebte ja noch! - und die liebe Mutter musste nun jeden Tag auf dem kleinen Täfelchen vor dem Hause schreiben, wie es dem Vater ging, damit die Leute Bescheid wussten und nicht so oft geklingelt wurde. Als nun mein Vater so

weit wieder gesund war, fuhr eines Tages
eine große Droschke vor und die Eltern
nahmen schmerzlich Abschied von ihren
fünf Kindern und fuhren für lange Zeit in
den Süden zur Erholung.

Ach, war
ich trostlos,
die gute
Frau Tuve
aber holte
noch am
selben Tag
alle Kinder
per
Droschke
nach
Linden zum
Photogra-
phen,-

die armen lieben Eltern sollten doch gleich

bei der Ankunft als Gruß dieses Bild von

uns Fünfen vorfinden.

Das war liebevoll gedacht, aber ich sah noch

ganz verheult auf dem Bilde aus, Gretchen und

Paulchen wie immer süß, aber so ernst in ihren

Lockenköpfchen und der kleine Carl im

Tragekleidchen biss herzhaft auf seinem Beißring herum, nur Gerhard stand ernst und würdevoll. Aber die Eltern haben sich doch so sehr
über das Bild ihrer traurig zurückbleibenden
Kinder gefreut.

Fräulein Hüfreden, Tochter eines Superintendenten, und der Vikar, Pastor Chapprieau, betreuten uns als Stellvertreter der Eltern
und waren rührend gut zu uns. Köchin, Kindermädchen und die gute alte Teuerkauf,
Kinderfrau, waren außerdem noch im Haus,
so dass wir alles hatten, was Kindern not tat,
und fröhlich weiterlebten. Nur hatte ich doch
große Sehnsucht, besonders vor Weihnachten.
Da fragte ich Tante Auguste: „Wie wird es
denn nun Weihnachten bei uns?"

„Oh", sagte sie. „Im Wohnzimmer erhält ein
jedes seine Geschenke auf einem Stuhl, auf
einer Kommode oder einem kleinen Tischchen."

„Aber, Tante Guste", protestierte ich entrüstet, „das ist doch gar kein richtiges Weih nachten! Mutter macht immer einen ganz langen Tisch und der Tannenbaum steht ganz groß auf der Erde in einer Ecke des Zimmers."

Tante Guste sagte darauf nichts und ich glaubte, nun wüsste sie, wie es richtig gemacht würde. Da kam die Ordre vom Pastor Chapprieau, Gerhard und ich sollten nach oben in sein Zimmer kommen. Voller Freude stürmten wir beide hinauf - aber, oh, weh! Pastor Chapprieau hatte eine sehr ernste Miene und sagte zu uns: „Stellt euch beide mal zusammen an die Tür!"
Und nun prasselte eine Strafpredigt auf uns beide hernieder. Der arme Gerhard machte ein ganz verdutztes Gesicht, er wusste doch gar nicht, worum es sich handelte. Und gerade das empörte mich so. Ich fand es ja so unfair, den kleinen unschuldigen Buben so auszuzanken. Wir könnten der guten Tante Guste gar nicht dankbar genug sein für alles, was sie für uns täte, schimpfte Pastor Chapprieau, und wir hätten mit allem zufrieden zu

Karmarschstrasse mit Marktkirche

sein, wie sie es machte etc. etc. etc.

Wütend und erschrocken zugleich verließ ich mit Gerhard an der Hand das Zimmer, rannte ins Kinderschlafzimmer und warf mich heulend aufs Bett. Erstens fühlte ich mich verlassen, dann so empört, dass Gerhard diese Strafpredigt ganz unverdient mit erhalten und dann so enttäuscht von dem geliebten Pastor Chapprieau, dem ich sogar mal, als er aus Vaters Studierzimmer kam und mir liebevoll über das vergrämte Gesicht streichelte, die Hand küsste. Nein, das bereute ich jetzt tief und als die unglückliche Tante Guste nun kam und mich mit ihrem „Schatzi" zu Tisch rufen wollte, sagte ich nur: „Petze!" und „Ich komme nicht!", worüber sie ganz untröstlich war. Pastor Chapprieau beruhigte sie und meinte, ich würde schon noch kommen. Aber darin irrte er sich und es dauerte geraume Zeit, bis ich wieder ruhig war.

Zum Glück gab es dann doch eine lange Tafel zu Weihnachten voll mit Geschenken von all den Freunden und Bekannten der Eltern, die nun die Liebe auf uns übertrugen. Allerdings stand diesmal der Tisch schräg im Zimmer, statt gerade in der Mitte wie bei den Eltern. Aber Hauptsache, es war ein langer Weihnachtstisch voller Kinderherrlichkeiten und ein großer Tannenbaum. Nun war ich wieder ausgesöhnt und umarmte Tante Guste abends beim Zubettgehen tüchtig, so dass sie mit ihrem „Schatzi"- so nannte sie mich - wieder sehr zufrieden und glücklich war. Sie war eine rührend gute Seele und den lieben Eltern eine treue Freundin, deren altjüngferliche Eigenheiten manchmal Spaß machten.

Der Bauplatz der neuen Pauluskirche war unser liebster Spielplatz. Wie herrlich ließ es sich um die großen beiden Kalkgruben Fangen spielen. Der Grundsteinlegung der neuen Pauluskirche habe ich beiwohnen dürfen. Leider ohne den lieben Vater, der noch mit der lieben Mutter zur Erholung im Süden sein musste. Dafür sollte aber zur Einweihung der Kirche den beiden ältesten Kindern, also Gerhard und mir, oben auf der Orgelempore ein Platz reserviert werden. Alle anderen Plätze wurden ja durch Karten vergeben. Und so saß ich voller Andacht und feierlicher Erregung oben bei der Orgel und sah hinunter in die überfüllte Kirche und auf den feierlichen langen Einzug der Geistlichen, Bauherren und hohen Würdenträger.

Schön waren auch die Kindergottesdienste im Henriettenstift bei dem hochverehrten Pastor Büttner. Gerhard gehörte noch in den *Lämmerstall* (kleiner Saal), während ich im *Schafstall* (großer Saal) war und als Gruppenleiterin die liebe Tante Franziska Lehmann hatte. Zuletzt wurde auch der *Lämmerstall* geöffnet und Pastor Büttner fragte alle Kinder ab, was ihnen von den Gruppenleiterinnen erzählt und gelehrt worden war. Ich wunderte mich immer über den großen steifen Kragen (Vatermörder) des Pastors, dessen Kanten immer so scharf seine Wangen berührten und dachte, wie viel Vaseline muss der arme Pastor wohl abends für seine Backen brauchen? Ich war aber sonst immer sehr aufmerksam. Und jedes Mal, als ich in späteren Jahren selbst als Frau Pastor an der Gartenkirche lebte, wenn ich dann ins Henriettenstift kam und mir Pastor Büttner die Tür öffnete, pflegte er mit seiner tiefen Stimme zu sagen: „Dieses Kind habe ich auch mal im Kindergottesdienst gehabt!" - und ich freute mich immer wieder auf diesen Satz, der auch nie ausblieb.

Frau Pastor erzählte auch: Büttner (so nannte sie immer ihren Mann) - der ja nie weiß, was für ein Kleid ich oder sonst jemand anhat - er war ja auch meist immer von den schwarzen Schwestern umgeben - habe einmal gesagt: „Heute hatte die Frau Pastor Lauth ein so schönes Kleid an!" „Nanu? Welche Farbe?", fragte Frau Pastor und er: „Ein Grünes!" - „Was ein Grünes?" - „Ja, so ein zeisiggrünes!" - Es war nämlich wirklich ein sehr schönes Kleid. Aber als ich dasselbe bei einer Synode in Markoldendorf bei Superintendent Jacobshagen an hatte, rief der originelle Konsistorialrat Hahn aus Hildesheim: „Oh, heute erscheinen Sie ja als Laubfrosch!" - Nun ja, ich fand, dass Pastor Büttners Bezeichnung - *zeisiggrün* - viel anmutiger und passender war.

Cafe Kröpcke

Nun folgten schöne frohe Jahre im Pauluskirchenpfarrhaus mit herrlichen Weihnachtsfesten. Auch die lustigen Kindergeburtstage sind unvergesslich, vor allem bei den auch mit den lieben Eltern befreundeten Familien, wie Wolffs, Böcklers, Bunsen etc. Doch einmal enttäuschte mich eine große Kindergesellschaft doch sehr. Als eines Tages Ella Busse aus der schönen Ellernstraße fast die halbe Klasse und darunter auch mich zu ihrem in einigen Tagen zu feiernden Geburtstage einlud, war ich anfangs begeistert. Als ich dies nun freudestrahlend meiner Mutter mitteilte, sagte sie: „Ach Hanna, so geht das ja nicht. Wer weiß, ob das Ellas Mutter (meine Mutter kannte die Familie nicht) auch weiß und es ihr recht ist?" Ach, da war ich ja nun ganz enttäuscht und als ich das anderen Tages Ella berichtete, meinte die, ach, wenn das weiter nichts ist, und brachte am folgenden Morgen mir von ihrer Mutter ein feines Briefchen für meine Mutter, in dem ich freundlichst eingeladen wurde. Nun konnte die liebe Mutter ja nicht mehr nein sagen und wer war froher als ich, denn von allen Kindern hatte ich schon Wunderdinge von den früheren Kindergesellschaften bei der reichen Ella gehört

So ging ich denn mit frohen Erwartungen den langen Weg bis zur Ellernstraße. Dort empfing uns an der Etagentür ein zierliches Hausmädchen in schwarz mit weißer Schürze und Häubchen und führte uns in ein großes Zimmer, wo schon ein fröhliches Durcheinander der Kinderstimmen herausschallte. Vergeblich sah ich mich nach Ellas Mutter um, um ihr mit artigem Knix die Grüße meiner Mutter zu sagen. Als ich nun Ella nach ihrer Mutter fragte, lachte sie. Damit wir das Reich ungestört allein hätten, wäre die Mutter fort gegangen und wohl auch, um dem lärmenden Trubel zu entgehen. Ich muss sagen, das schon enttäuschte mich sehr. Nun wurden wir aufgefordert, uns an die lange Kaffeetafel zu setzen, was schon allerlei Meinungsverschiedenheiten hervorrief, da fast jede bei einer anderen sitzen wollte. Das feine Mädchen schenkte nun den Kaffee ein und reichte die gefüllten Teller herum. Aber wie staunte ich. Nicht wie sonst es bei uns in den Kindergesellschaften üblich war, in zwei Teile geschnittene Hedwiche, Breslauer Brödchen und Schnecken mit Zuckerguss, die uns immer so herrlich zu einer Milchschokolade oder Milchkaffee schmeckten.

Schloß Herrenhausen

Nein, wie bei den ganz großen Leuten bei
den Caffees der Mutter gab es Mohren-
köpfe, Windbeutel, lauter gefülltes kostbar-
es Backwerk, dass ich kaum wagte, zuzu-
greifen. Trotzdem aber wurde tüchtig gefut-
tert. Nach der ausgiebigen Kaffeetafel, bei
der es schon sehr laut und bunt durcheinander ging, stürmte die wilde Schar hinunter in den Garten, um Kreisspiele zu
machen. Da war man sich lange nicht einig,
was gespielt werden sollte, die einen
wollten dies, die anderen das und so ging es
lange hin und her, bis eine friedliche Ein-
stimmung herrschte. Ich stand abseits am

Gartenzaun und dachte (Mutter hatte doch recht!) an unsere einfacheren, aber viel schöneren Kindergesellschaften, wo die Mütter uns freundlichst begrüßten, wir unsere Grüße und Knixe anbringen konnten.

Oben saßen dann die Mütter bzw. die Eltern mit uns am Kaffeetisch oder leiteten wenigstens nachher alle unsere Spiele. Da durfte man in Ordnung der Reihe nach auf dem Vorplatz in der Schaukel oder den Ringen schaukeln, bei Regenwetter wurden Zahlenlotto oder lustiges Einmaleins mit süßen Gewinnen gespielt.

Herrlich und aufregend zugleich war es, wenn die Eltern uns in dem großen Puppentheater ein Märchen wie Dornröschen oder Schneewittchen vorführten, wobei wir gespannt, wie große Leute in Reihen auf Stühlen saßen und manchmal auch die lustigen Bilder der Laterna Magica bejubelten. Dann gab es zum Schluss zur Abkühlung noch den gelben Flammeripudding mit roter Sauce und dann verabschiedeten wir uns wieder mit einem artigen Knix und herzlichem Dank und zogen mit hochroten Wangen und fröhlichem Herzen davon, um all das Schöne zu Hause genau zu berichten.

Hier aber wurden wir nach den wilden Spielen draußen wieder hinaufgebeten und das Mädchen reichte eine Riesentorte herum und goss jedem Mädel ein Glas Wein ein! Nein so etwas! Dann gab es noch ein stürmisches lautes Abschiednehmen untereinander, aber ohne liebevolle Grüße an die Mutter. Nie wieder habe ich mich zu so einer eleganten feinen Kindergesellschaft gedrängt.

Doch ein ganz besonderes Fest war Frieda Fuchses Geburtstag. Da musste man, auch ein ziemlich großer Trupp, mit der Pferdebahn (am liebsten einer offenen) bis zum Pferdeturm in Kleefeld fahren. Dort erwarteten uns einige Brüder vom Stephansstift, die uns sicher durch den damals noch wilden ursprünglich dichten Wald der Eilenriede bis zum Stephanstift brachten.

Ach, war das schön dort! Das große rote Pfarrhaus mit der langen Glasveranda, wo der Kaffee getrunken wurde. Dann durfte uns einer der Stephansbrüder in einem kleinen alten Boot auf dem kleinen Wasser zum Fischteich und der kleinen Insel fahren. Herrlich und großartig erschien mir das alles! Doch, als ich jetzt das Wasserchen und die kleine Insel wieder sah, wunderte ich mich, wie gewaltig und groß uns Kindern das alles damals erschienen war.

Danach wurde ganz nahe dem Stift in die Eilenriede zu einer großen dicken Eiche gepilgert.

Da sollte heute die Puppentaufe stattfinden.

Dazu hatte jede ein ganz kleines Badepüppchen mitgebracht. das sie selber in weiß, rosa oder blau behäkelt hatte, denn jede Puppenmutter wollte ihr Kindchen natürlich besonders fein haben. Aber Friedas Puppenkind war doch jedes Mal das reizendste, denn sie war äußerst geschickt in Handarbeiten und Häkeln. Aber schön und feierlich war es doch, als nun all die kleinen

Püppchen einen Namen bekamen und wir ganz stolz wieder von der Feier zurückkamen, um in der langen Glasveranda fröhlich plaudernd den herrlichen Pudding zu schmausen. Dazu kam dann gewöhnlich der Pastor Fricke, legte jedem Kind seine Hand aufs Köpfchen, fragte so lieb nach den Eltern und nach uns, und ich dachte mit großer Verehrung, so mag wohl Dr. Martin Luther ausgesehen und so lieb im Wesen gewesen sein wie dieser große, dicke und so freundliche Pastor Fricke.

Später sah ich den armen zuckerkranken und verfallenden Pastor leider als ein Jammerbild wieder, und musste denken, warum muss man erst alt und krank werden, warum könnte man nicht in Kraft und Schönheit sterben? Das denke ich auch heute noch, wenn ich manche gebrechliche Alte sehe und man ja selber am eigenen Leibe auch die Beschwerden des Alters fühlen muss. -

Große freudige Aufregung gab es auch

jedes Mal, wenn die Großeltern aus Indien im Pfarrhaus einkehrten. Wie liebte und verehrte man sie und saß mit heißroten Backen und lauschte den Erzählungen meines Großvaters, des berühmten Missionars Eduard Raimund Baierlein, von den roten Indianern oder den schwarzen Negern, und gruselte sich auch ein bisschen, wenn von Schlangen und wilden Tieren erzählt wurde.

Besonders schön aber war es, wenn die Gribbles, unsere kleinen englischen Vettern und Cousinen mit ihren Eltern zu Besuch kamen und man sich mühselig mit ihnen verständigte, da sie nur Englisch sprachen, aber bald in ihrem Kauderwelsch deutsch zu sprechen versuchten und dabei allzu komisch und lustig waren. Unsere Mutter pflegte zu sagen, wenn die „Indianer" - damit meinte sie die Tanten und Verwandten aus Indien - kommen, dürft ihr mal mit in einen Circus, denn unsere Eltern sind nie mit uns in einen Circus gegangen. Denn den berühmten Oscar Carree und viele andere Circusse gab es damals in Hannover. Das haben wir dann jedes Mal sehr genossen. Ja, einmal habe ich sogar auf der Bühne mitgewirkt und war nicht wenig stolz darauf.

Es war auf der Bühne ein großer Schrank aufgestellt, aus dem ein reizendes junges Mädchen herausschaute und mit Kusshändchen das Publikum begrüßte. Dann wurde die Schranktür geschlossen und oh Grauen! Beim Wiederöffnen der Türe war das Mädel verschwunden und nicht mehr im Schrank. Wo war sie geblieben? Oben, unten, an allen Seiten des Schrankes lagen oder standen Clowns, es konnte das Mädel nicht raus und siehe! Beim Wiederöffnen des Schrankes war das Mädel doch wieder da, sprang flink heraus und warf überall Kusshändchen hin. Als nun alle Zuschauer staunten, wie das Wunder vor sich ginge, fragte Direktor Carree: „Na, wer will auch mal in dem Schrank verschwinden und sicher wieder heraus kommen?"

Niemand meldete sich, nur ich zeigte etwas zaghaft den Finger. Sogleich nahm mich der Zirkusdirektor bei der Hand und sagte: „Du brauchst gar keine Angst zu haben, ich geh mit dir in den Schrank und verschwinde mit dir. Stell dich nur in die Ecke und halte beide Augen fest zu!"

Da drückte ich mich fest in die Ecke und hielt auch ängstlich meine Augen zu. Ein rollendes Geräusch und etwas Hartes streifte meine Schultern und ich hörte aus der Menge ein verwundertes lautes „Oh!",- also musste wohl der Schrank geöffnet und leer gewesen sein. Nach nochmaligem rollendem Geräusch erklang ein lautes Lachen und als mich Caree berührte und sagte: „Dreh dich nur um!", sah ich in die lachende Circusmenge hinein. Denn verschüchtert mit den Händen vor den Augen hatte ich in der Ecke des Schrankes den Leuten den Rücken zugekehrt und war nicht mit lustigen Kusshändchen davon gesprungen.

Ich wusste ja nicht, dass das ganze Wunder nur durch eine doppelte Rollwand hervorgerufen war und konnte auch all den mich ausfragenden Leuten nichts aufklären, denn ich hatte ja fest die Augen zugehalten aus Angst, dass mir sonst was geschähe.

Ein unvergessliches Ereignis war die Einweihung von Wolff und Hohnhorsts großer Buchhandlung.-

Wie tobten Gerhard und ich mit Hanna und Agnes Wolff zwischen den langen Holztischen und Bänken, auf denen schon große Teller Zuckerkuchen standen, bis dann nach feierlichen Ansprachen eine große Kaffeetafel stattfand.

Ich konnte mir da noch gar nicht vorstellen,

dass in diesem leeren Saal mal ein großer Buchladen sein würde, in dem Gerhard und ich uns so gern unsere Schulbücher holten, zumal wenn wir Glück hatten und der freundliche Onkel Alexander nach unseren Wünschen fragte und uns sehr umständlich (er hörte etwas schwer) die Bibelgeschichtsbücher und Rechenfibel heraussuchte oder uns mit Lächeln an Herrn Hohnhorst verwies.

Überwältigend waren jedes Mal die Kaiserbesuche in Hannover. Wie herrlich sah das liebe Hannover im Schmuck der Girlanden, Fahnen, Teppiche und den großen Tribünen aus. Wir hatten mit den Eltern auf dem Balkon der Regierung durch unseren guten Freund, Regierungsrat Böckler, feine Plätze, denn alle Fenster und Balkonplätze in der Stadt waren nur für Karten und teures Geld zu haben. So konnten wir schon lange, noch ehe die Majestäten erschienen, von oben in aller Ruhe auf die große Menge, die an beiden Seiten die Straßen säumten und immer wieder von berittener Polizei zurück gedrängt wurde, betrach-ten und uns so schon an der herrlichen Aus-schmückung und der frohen erwartungs-vollen Stim-mung erfreuen. Endlich kamen hoch zu Roß stolze Vorreiter, die das Nahen des kai-serlichen Wagens ankündeten.

Kaisertag in Hannover

Oh, diese schmetternde Musik, Hurrarufe, Tücherschwenken und der glanzvolle prächtige Anblick all der farbenstrotzenden und gold- und silberblinkenden Uniformen der verschiedensten Regimenter, die man sich erst erklären lassen musste: rote, schwarze weiße Cürassiere, Husaren,

Totenkopfregimenter, Ulanen mit Fähnchen, Lanzenreiter, große Musikregimenter
mit wehenden Schellenbäumen. Und jedem
Regiment wurden ihre eigenen großen
Fahnen voran getragen, ein wunderbares
bunt glänzendes und farbenfrohes
Märchenbild, das sich stundenlang in
unendlichen Zügen vor unseren Augen
abrollte. Kam dann aber inmitten all dieser
Pracht der kaiserliche Wagen mit Vor- und
Nebenreitern heran, dann donnerte das
Hurrarufen wie ein brausendes Wetter und
die Begeisterung fand kein Ende! Wie sehr
wurde doch der geliebte alte Kaiser
Wilhelm, der Kaiser Friedrich, der Kronprinz und die reizenden Prinzen und die
schöne hohe Kaiserin begrüßt und umjubelt.
Selbst ein Kinderherz wallte über und
meinte vor Liebe und Begeisterung zu vergehn. Wir konnten gar nicht müde werden, den
stundenlangen Vorbeimarsch all der verschiedenen Regimenter in den so unterschiedlichen glänzenden Uniformen
zuzuschauen. Abends ging oder fuhr man

dann durch das so kunstvoll und hell illuminierte Hannover. Wirklich ein märchenhafter Anblick, von all der Pracht und Farbenreichtum sich die heutige Generation wohl nie eine Vorstellung machen kann. Und solche ähnlichen wundervollen Aufzüge wurden uns als Kindern öfter zuteil und blieben eine unvergessliche Erinnerung. Das war einmal und kommt nie wieder.

Traulich waren im Winter die Dämmerstunden im Salon der Mutter. Während in den Abendstunden die Mädchen unsere Kinderzimmer aufräumten und das Abend-brot für uns bereiteten, durften wir Fünf zu der lieben Mutter in den Salon kommen. Licht wurde nicht gemacht, denn eine große Straßenlaterne an der Kirche warf einen magischen Streifen Licht ins Zimmer und aus dem großen weißgoldenen Kachelofen glühte durch die goldene Gittertür die rote Flamme hin über den Fußboden und durch die Räucherkerzen auf dem Ofen war ein wunderbarer Duft im Zimmer und eine märchenhafte Stimmung geschaffen. Unsere Mutter lag auf der Chaiselongue, die zwei kleinen Brüder zu beiden Seiten und wir Größeren suchten uns ganz fix einen gesicherten Platz zu Füßen der Mutter auf der langen Fußbank und auf dem Buff, dicht an der Chaiselongue, denn nun ging, wie die liebe Mutter sagte - das Schiff los und wir fuhren ins Traum- und Märchenland.-

Und wie konnte die liebe Mutter erzählen! Atemlos lauschten wir, am liebsten aber hörten wir - *bitte, Mutter, erzähl uns, wie du klein warst* - so viele lustige Geschichten und sogar welche aus dem Urwald in America, in dem die Mutter ja geboren und mit Indianerkindern aufgewachsen war. Da hörten wir von den roten Indianern und wie der liebe Großvater einst einen kleinen Bären lebendig aus dem Urwald mit in das Blockhaus gebracht hatte und da er bald zu wild und übermütig wurde, ihn bei den Ohren wieder zurück in den Wald befördern musste. Zu schön war es und mit Bedauern sahen wir die Mädchen mit der hellen Lampe kommen und uns zum Abendessen und zum Zubettgehen holen. Aber glücklicherweise durften wir jeden Abend im Dämmern wieder zur lieben Mutter kommen.

Im Sommer wurden oft die bei uns Kindern so beliebten Ausflüge in den hannoverschen Stadtwald, die Eilenriede, die damals noch dichter natürlicher Wald war, unternommen. Die Waldgasthäuser *Steuerndieb* und vor allem *Bischofshole* waren die liebsten Plätze, obgleich in Bischofshole die Mückenplage so groß war und wir, Gerhard und ich, trotz der lieben Mutter Einreibungen mit Essig, sehr darunter litten.

Wie lustig war es allein schon, mit der guten Tante Böckler und deren vier Kindern von Haus aus in der offenen Pferdebahn bis zum Pferdeturm fahren zu können. Von dort aus ging es dann wohl fast eine Stunde durch den Wald nach Bischofshole. Ei, wie schmeckte nach dieser Wanderung der Cafe und der mitgenommene Kuchen! Und dann tollten wir lustig herum, an der Schaukel, Wippe und Rundlauf, eine Riesenfreude! Danach kam freilich der Rückweg durch den schon dämmernden Wald, aber wie erfreut waren wir dann, wenn am Pferdeturm schon die hell erleuchtete Pferdebahn, die so lustig klingelte, uns erwartete, unsere müden Beine ausruhen konnten und wir nun durch die hell erleuchteten Straßen nach Haus fuhren.

Aber einmal wurde dieser Ausflug doch ganz tüchtig getrübt. Denn beim Rückweg, kurz vor dem Pferdeturm, aber noch im dämmrigen Wald, fehlte, als die Mutter und Tante Böckler ihre Kinderschar überblickten, Gerhard. Nein, dieser Schreck! Und das Entsetzen und die Angst der lieben Mutter. Diese lief eilend und angstvoll laut: „Gerhard!“ rufend den Weg in den Wald zurück. Auch die Tante Böckler lief nach einer anderen Richtung laut rufend davon und wir anderen standen ängstlich und zitternd wie ein Unglückshäufchen zusammen und hörten immer ferner die Rufe nach dem lieben Gerhard. Nach geraumer Zeit, die uns wie eine Ewigkeit vorkam, trottete gemütlich, wohl ein wenig erschrocken Gerhard herbei.

Wir waren ihm wohl zu schnell gegangen und er hatte sich auf einem Seitenpfade verirrt, aber durch die helle Stimme der Mutter wieder zu uns hergefunden. Mit welchem Jubel und welcher Freude wurde er von uns begrüßt! Aber die Rückfahrt ging doch etwas stiller vor sich, denn in uns allen zitterte noch die ausgestandene Angst nach.

Hin und wieder ging der Vater mit Gerhard und und mir in den großen schönen Tiergarten, wo man, wenn man Glück hatte, oft ganze Rudel Rehe friedlich grasen sehen konnte. Auch da gab es eine herrliche große Schaukel und mein Vater mühte sich sehr, mich ganz hoch zu schubsen. Wie froh war er, als er plötzlich die beiden Söhne von Justizrat Werner, Theodor und Carl, der mit Gerhard in eine Klasse ging, daher kommen sah. „Ach, da sind ja meine lieben Freunde", sagte Vater, denn er hatte den Theodor konfirmiert und war mit den Eltern befreundet. „Da kannst du mich doch gleich mal ablösen und die Hanna schaukeln, die so gern hoch in die Luft fliegen möchte."

Und was hätte Theodor lieber getan, war er doch von Adolf Lodemann extra beauftragt, den Tag zum Tiergarten zu gehen, da Adolf durch die Geigenstunde verhindert war, selber zu kommen. So waren wir alle fröhlich und gingen danach auch gemeinsam nach Haus und Theodor schrieb in sein Vergiss-mein-nicht-buch:„Von dem Tage fing meine Liebe zu Hanna Freybe an" - und dies erzählte sogar, als ich Jahrzehnte später als Witwe bei Hanna Wolff zu einer Adventsfeier mit meh-

reren Damen war, die Frau Mahrens, die ja eine geborene Werner war, vor all den anderen Damen, dass sie diesen Satz in Theodors *Vergiss-nicht-mein* gelesen hätte.

Schön war auch das Kränzchen von uns

sechs Mädels, die alle acht Tage abwechselnd in den verschiedenen Häusern zusammen kamen. Jede musste aber den Kuchen selber gebacken haben. Einige von uns waren schon sehr haushälterisch tüchtig, aber bei manchen musste doch wohl etwas die Hülfe der Mütter in Anspruch genommen werden. Ein rosa seidenes Halsband, *Moppsband* genannt, musste jede tragen und beim Vergessen Strafe in die gemeinsame Kasse zahlen. Am eifrigsten ging es in der Vorweihnachtszeit zu, wenn fleißig Weihnachtsarbeiten gemacht wurden und jede der anderen Arbeiten bewunderten und bestaunten, denn manche waren in Handarbeiten ungemein tüchtig und geschickt.

Leider kam nun wieder ein schweres Krankheitsjahr. Der liebe Vater musste, diesmal in den Sommermonaten, wieder mit Mutter in die Schweiz. Obgleich wir Fünf nun schon alle etwas älter waren als das erste Mal, war doch der Abschied und die längere Trennung sehr schwer. Ein Collaborator Albrecht, der so wundervoll Klavier spielte und die liebe Tante Franziska Lohmann vertraten bei uns die Elternstelle.

Auch diese Trennungszeit ging endlich vorüber, aber da erkrankte die liebe Mutter an schwerer Grippe mit hohem Fieber und musste lange Zeit das Bett hüten. Und gerade zur selben Zeit kam der fünfjährige Bruder Paul in die Kinderheilanstalt und wurde mit schwerem Mittelohrkatarrh am Ohr operiert und musste längere Zeit in der Kinderheilanstalt liegen und benahm sich dort so tapfer und lieb. Ich erinnere noch, wie eines Tages der kleine Paul vom Arzt per Wagen für einen Augenblick an das Bett der lieben Mutter gebracht wurde. Im blaugestreiften Anstaltskittel und dem ganz in Gaze verbundenen Köpfchen sah der liebe kleine Bub so zart und leidend, aber doch glücklich aus, dass er uns für wenige Augenblicke sehen durfte und ließ sich wieder artig in die Anstalt zurück bringen, wo er aller Liebling war.

Ich lag zur selben Zeit an schwerer Grippe erkrankt und mit wahnsinnigen Gesichtsschmerzen zu Bett. Ein Vierteljahr lang konnte ich nichts hören und wurde jeden Tag auch von Dr. Bruns, dem Arzt der Kinderheilanstalt, behandelt, was so schmerzhaft war, dass mir Kopf, Hände und Beine bei den qualvollen Behandlungen gehalten werden mussten.

In dieser schweren Zeit war die liebe feine Tante Nora Lichtenberg uns allen eine große Hilfe und Trost, die fast täglich bei uns war und mir besonders immer so treulich und hülfreich zur Seite stand. Bis gegen Ostern dauerte diese schmerzhafte Neuralgie und auch die Angst der lieben Eltern, ob ich je wieder hören könnte.

Paul und ich gingen jeden Tag zur Nachbehandlung zur Kinderheilanstalt. Ich war ein großer Hasenfuß und schämte mich vor dem tapferen kleinen Bruder, der mir tröstend sein Händchen gab und sagte: „Hanna, ich komme zuerst dran!", und mutig ohne Klage ließ er sich jedes Mal die Polypen entfernen. Während ich es einmal sogar fertig brachte, als der Doktor die gefährliche Zange, die ich fix versteckt hatte, suchte, mit Paulchen an der Hand zu entfliehen. Geschadet hat es mir nicht, denn zu aller Freude und des Doktors Stolz konnte ich bald wieder so scharf hören wie ein Mäuschen, durch zwei Zimmer hindurch, frohlockte der Arzt. Große Sorge machte mir in der Zeit, ob ich versetzt würde. da ich gerade das so wichtige Vierteljahr von Weihnachten bis Ostern in der Schule fehlen musste. -

Der gute Vater ging deshalb zum Direktor der Schule und kam mit der mich so beglückenden Nachricht wieder, dass ich auf Grund meiner früheren Kenntnisse versetzt würde. So konnte ich ruhiger die Schmerzen aushalten und bald auch wieder ganz gesund werden und Mutter tröstete mich: „Nun werden wir bald Hannover, in dem wir das letzte Jahr so viel Schweres erleben mussten, verlassen und aufs Land, nach Wunstorf ziehen.“

Mein Vater war nämlich dorthin zum Superintendenten befördert worden. -

Damit kam der Abschied von allen Freunden und Bekannten, der mir sehr schwer wurde und zugleich der Abschied von meiner herrlichen Kindheit in Hannover.-

In Wunstorf aber begann damit im Mai 1889 ein frohes, neues und reiches Leben für mich.

Suprendenteur.

Hanna und ihre Geschwister, um 1900, oben: Carl, Gerhard, Hanna, Paul

unten: Margaret und die Eltern

Das gibts nur einmal, das kommt nicht wieder...

Als meine Großmuter, Hanna Lauth, geb. Freybe,

Pastorentochter und Pastorenwitwe mir um 1950

aus ihrer Kindheit und Jugend in Hannover erzählte,

war diese heile Welt versunken und vergessen, ihre Heimatstadt mitsamt ihrer Wohnung in Grund und Boden zerbombt.

Während ich in den Trümmern und Ruinen eher einen grandiosen Abenteuerrspielplatz für vaterlose Schlüsselkinderbanden sah, hing ihre Erinnerung noch am Glanz und Gloria einer Epoche, die sie aus dem wohlhabenden und wohlbehüteten Port einer hannöverschen Pastorenfamilie als gute, alte "Kaiserzeit" harmlos vergoldet erinnerte. Und mir erschien damals diese untergegangene, unwiederbringliche Stadt an der Leine wie eine Märchenwelt. Immer wieder bat ich meine Großmutter, aus ihrer Kindheit im alten Hannover zu erzählen.

Hanna blieb bis zu ihrem Tod ihrer niedersächsischen Heimat und Hannover verbunden. Mit ihrem Mann, dem Pastor Ernst Lauth führte sie als evangelische Pfarrersfrau ein von der Erziehung ihrer fünf Kinder (Edgar, Marga, Ruth, Ilse und Ingeborg) und von reger Gemeindearbeit in Markoldendorf, Wulften und Hannover erfülltes Leben.

Sie erlitt die Kriegs- und Hungerjahre des ersten und die Zerstörungen und Greuel des zweiten Weltkriegs, ausgebombt, evakuiert und von ihrer Familie getrennt, sehr bewusst als Jahrzehnte des "Un-heils", sah erst, wie die Bilder des als "unselig" entlarvten Kaisers und seiner Militärs von den Wänden gerissen und zertrampelt wurden und wie später der "unheilige Ver-Führer" Adolf Hitler in Schutt, Asche und Verachtung versank.

Ihren Mann, den "geliebten Ernie", Ernst Lauth, Pastor an der Gartenkirche, verlor sie 1934 infolge eines Verkehrsunfalls. Er wurde am Weissenkreuzplatz von einem Radfahrer angefahren und verstarb wenig später im Clementinenhaus. Sie überlebte ihn um 20 Jahre.

Dass der Trümmerhaufen Hannover sich sehr schnell wieder aus der Asche erhob und zur modernen Landeshauptstadt wurde, erlebte sie am Ende doch noch mit. Geblieben waren die Naturschönheiten, der Tiergarten, die Herrenhäuser Gärten, der Hermann-Löns-Park, die Eilenriede, die sie auch als 80jährige noch oft mit mir durchwanderte.. Und kurz vor ihrem Tode sah sie noch den Wiederaufbau des Opernhauses,, des Hauptbahnhofs, der Marktkirche und bummelte auf der Georgstraße.

Mit 85Jahren starb Hanna Lauth bei ihrer Tochter Ingeborg in Hannover-Kleefeld

Made in the USA
Monee, IL
07 July 2026

56552459R00049